Inhalt

Gebrauchtwagenmarkt - Gefragt sind neue Strategien in schwierigen Zeiten

Kernthesen

Beitrag

Fallbeispiele

Zahlen und Fakten

Weiterführende Literatur

Impressum

Gebrauchtwagenmarkt - Gefragt sind neue Strategien in schwierigen Zeiten

Autor GENIOS BranchenWissen: T.Eismann

Kernthesen

- Die Zahl der Besitzumschreibungen bei Gebrauchtwagen liegt in Deutschland weiterhin auf hohem Niveau und ist fast doppelt so hoch wie die Zahl der Neuzulassungen.
- Die massiven Verkaufsförderungen für Neuwagen und fehlende Unterstützung im Gebrauchtwagengeschäft sorgen für Verluste im Gebrauchtwagengeschäft bei Markenhändlern. (1)
- Das Gebrauchtwagengeschäft ist ein

wichtiger Kundenbindungsfaktor mit dem sich ein Markenhändler die Neuwagenkunden der Zukunft schaffen kann. (8)
- Professionelles Gebrauchtwagenmanagement bedeutet attraktive Automobile günstig frei anzukaufen, unprofitable Inzahlungnahmen zu unterlassen, ein konsequentes Standzeitenmanagement aufzubauen und alle Vermarktungsmöglichkeiten auszuschöpfen, um aus jedem Verkauf einen Gewinn zu generieren. (5)

Beitrag

Schlechtes Gebrauchtwagenmanagement kann einen Händler ruinieren. In Deutschland liegt die durchschnittliche Umsatzrendite eines Automobilhändlers bei unter 1%. Ein Grund ist, dass die Händler oftmals die Potenziale im Gebrauchtwagensektor nicht genügend ausreizen. Neue Strategien sind hier also dringend gefordert.

Der Gebrauchtwagenmarkt in

Deutschland

In Deutschland wechselten 2004 rund 6,61 (2003: 6,77) Mio. Gebrauchtwagen (Besitzumschreibungen) den Besitzer im Vergleich zu 3,27 (2003: 3,24) Mio. Neufahrzeugen (Neuzulassungen). Dabei wurden über Markenhändler 34% der Fahrzeuge verkauft, über freie Händler 16% und rund 50% der Gebrauchtwagen wurden von Privatpersonen verkauft. [Abb.1]

Der Umsatz im Gebrauchtwagengeschäft lag im Jahr 2004 bei rund 26,58 Mrd. Euro bei Marken- bzw. Vertragshändlern und bei 6,83 Mrd. Euro bei freien Händlern. Im Neuwagengeschäft lag der Umsatz bei rund 59,74 Mrd. Euro. [Abb.2]

Für das Gesamtjahr 2005 rechnet man mit einem Gebrauchtwagengeschäft etwa auf dem Vorjahresniveau. Bis Oktober war der Gebrauchtwagenmarkt mit 5,6 Millionen Fahrzeugen 0,7 Prozent im Plus. (9) Fakt ist dabei, dass der Gebrauchtwagenhandel insgesamt wohl etwas bessere Erträge erzielen wird. (6)

Dabei stieg die durchschnittliche Haltedauer im vergangenen Jahr auf den Rekordwert von 66 Monaten bei Neuwagenkäufern, Käufer von Gebrauchtwagen halten diese sogar 74 Monate in Besitz. Die durchschnittliche Haltedauer hat sich damit seit 1997 um eineinhalb Jahre verlängert. Damit ist auch das Alter der Fahrzeuge beträchtlich höher geworden. Neuwagenkäufer gaben ein Auto im Schnitt mit sieben Jahren ab, bei Gebrauchtwagenkäufern hat das Vor-Fahrzeug durchschnittlich schon 10,7 Jahre auf dem Buckel. (11)

Chancen und Risiken im Gebrauchtwagengeschäft

Der Gebrauchtwagenmarkt ist finanziell riskanter geworden. Preisschwankungen sind traditionell auf diesem Markt sehr ausgeprägt, aber im vergangenen Jahr sank der Durchschnittspreis bei Gebrauchtwagen auf 7 900 Euro. Damit wurde der niedrigste Stand seit 1996 erreicht. Und das schon vor der Diskussion über die EU-Richtlinie zur maximal zulässigen Feinstaubbelastung und über die Notwendigkeit, Dieselfahrzeuge künftig mit Filter auszustatten. (10)

Darüber hinaus gefährden massive Neuwagenverkaufsförderungen die Gebrauchtwagenerträge und die Hersteller belasten die eigenen Markenhändler mit ihren eigenen Programmen wie "BMW Premium Selection" oder

"Audi Gebrauchtwagen plus". Diese Programme kosten den Händler oft viel Geld, da die entsprechenden Marketingmaterialien vorab gekauft werden müssen und zudem Qualitätsstandards erfüllt werden müssen, die häufig hohe Kosten verursachen. Oftmals helfen die Programme weniger dem Handel als vielmehr dem Hersteller, der damit die Gebrauchtwagenpreise hoch halten will. (4)

Das Gebrauchtwagengeschäft zeichnet zudem eine hohe Preissensibilität der Kunden aus. Das Gebrauchtwagengeschäft unterliegt damit anderen Gesetzen als das Neuwagengeschäft. Der Kunde ist oft ein "smart-shopper", der den Preis als wesentliches Kaufentscheidungskriterium in den Vordergrund rückt. [Abb.3], [Abb.4], (6), (5)

Das Unternehmen muss im Rahmen der Vorleistungen einige Investitionen zur professionellen Aufbereitung des Gebrauchtwagens investieren. Als Lohn winkt jedoch der schnelle Abverkauf und damit eine kurze Standzeit, die wiederum der Liquidität des Händlers zuträglich ist.

Das Gebrauchtwagengeschäft eröffnet aber auch Chancen für das Neuwagengeschäft. Junge Kunden können in der frühen Akquisition oftmals bereits an einen Händler "gebunden" werden. Diese jungen Kunden können mit einem zufriedenstellenden

Gebrauchtwagen auf den zukünftigen Neuwagen vorbereitet werden. Mit dem Gebrauchtwagengeschäft kann der Markenhändler so frühzeitig Kundenbeziehungen aufbauen und damit die Händlerloyalität erhöhen.

Um professionelles GW-Management zu betreiben, muss der Händler zunächst die Bedürfnisse der Gebrauchtwagenkunden berücksichtigen. Darauf aufbauend kann ein spezifisches Angebot aufgebaut werden.

Strategien und Erfolgsfaktoren im Gebrauchtwagenmanagement

Gezielter Zukauf von attraktiven, gut ausgestatteten Fahrzeugen ist ein Merkmal, das erfolgreiche Händler im Gebrauchtwagensegment von Erfolglosen trennt. Ein Gewinn im Gebrauchtwagengeschäft kann auch durch aktives Bestandsmanagement erzielt werden. Die Standzeiten müssen gering gehalten werden, um die Liquidität zu schonen. Dazu ist es auch erforderlich Fahrzeuge mit langen Standzeiten konsequent an andere Händler zu vermarkten. (5)

Neben der Vermarktung der Fahrzeuge über regionale Zeitschriften, muss der Markenhändler auch die

Chancen der überregionalen Vermarktung über Internet und Branchenzeitungen konsequent nutzen. Damit können regional negative Nachfragekonstellationen und Preisnachteile unter Umständen ausgeglichen werden. Hierfür kann der Händler eigene Internetmarktplätze und darüber hinaus die populären "neutralen" Internetplattformen wie z.b. ebay, mobile.de oder autoscout24.de nutzen. Eine adäquate Präsentation (Beschreibung, Garantieangebot, Fotos etc.) ist die Voraussetzung für einen Vermarktungserfolg. Der eigene Platz muss professionell aufbereitet werden, ideal ist ein Walk-in oder ein Drive-In-Konzept und eine Sortierung der Modelle, damit für den potenziellen Käufer die Autoschau zum Erlebnis wird. (8)

Auch muss der Markenhändler das Gebrauchtwagengeschäft als Profit-Center führen. Jede Inzahlungnahme muss nach dem Weiterverkauf auch als einzelnes Geschäft einen Gewinn erzielen, sonst wird das Gebrauchtwagengeschäft mittelfristig den gesamten Handelsbetrieb mit Verlusten belasten. Dazu gehört auch die Schulung der Verkäufer, die eine Inzahlungnahme eines Fahrzeugs häufig vor dem Hintergrund des lukrativen Neuwagenverkaufs dem Kunden zu gut vergüten. Hier muss es der Verkäufer verstehen, den Kunden über andere Instrumente, wie Finanzdienstleistungen und Servicekomponenten den Neuwagenkauf schmackhaft machen. Professionelles

Verkäuferverhalten bringt in diesem Fall bares Geld. (6)

Fazit

In den USA, wo der Intrabrand-Wettbewerb und Rabattschlachten im Markenhandel fast zu Null-Renditen geführt hat, wird der Gewinn im Service- und Gebrauchtwagengeschäft gemacht. Professionelles Gebrauchtwagenmanagement wird auch in Zukunft ein entscheidender Erfolgsfaktor im Markenhandel werden. Das erfordert neue Vermarktungsstrategien und oft eine Umorganisation und Vernetzung von Gebrauchtwagen- und Neuwagengeschäft im Handelsbetrieb. Nur durch eine ganzheitliche Sicht des Geschäftes (Neuwagen-, Gebrauchtwagen- und After Sales-Geschäft) kann insgesamt eine positive Rendite erwirtschaftet werden. Dazu muss der Handelsbetrieb in Ausbildung des Personals, neue IT-Systeme (Management-Informations-Systeme) und professionelle Marketingmaßnahmen gezielt investieren.

Fallbeispiele

Autohaus Wölfle mit IT-Unterstützung auf dem richtigen Weg

Das BMW-Autohaus Wölfle am Bodensee ist ein erfolgreicher Händler, der gezielt IT-Systeme dazu nutzt, um das Geschäft effizienter und effektiver zu gestalten. Mit Hilfe eines intelligenten Management-Informationssystems steuert das Unternehmen die Gebrauchtwagenprozesse im Autohaus: Mit Hilfe von Analyse- und Auswertungssystemen wird das Geschäft gesteuert. So sind dem Management zu jeder Zeit Verzögerungen und Kostenänderungen transparent. Der gesamte Workflow wird gesteuert und damit steigen Umsatz und Kundenbindung. (3)

Professionelles Gebrauchtwagenmanagement beim BMW-Autohaus Ungeheuer

Das Autohaus Ungeheuer erzielt rund 20% seines

Umsatzes im After-Sales-Bereich, weitere 50% im Neuwagenbereich und 30% im Gebrauchtwagensektor.
2.200 Autos hat das Unternehmen 2004 in diesem Bereich verkauft. Der Umschlag liegt bei 6 x pro Jahr. Pro Verkäufer werden im GA-Bereich 245 Fahrzeuge verkauft.
Das Unternehmen hat in diesem Bereich eine Kundenloyalität von 65%. Das Unternehmen versucht mit Live-Auktionen, Online-Vertrieb und freiem Zukauf das Preisniveau, das durch das Neuwagengeschäft unter Druck gesetzt wird, stabil zu halten. Das Unternehmen vermarktet seine Fahrzeuge über das Internet verstärkt. Hier wird eine eigene Börse, die BMW-Autobörse und neutrale Autobörsen wie mobile.de und autoscout24.de genutzt. (7)

GW-Management bei US-Autohändlern

Amerikanische Autohändler verdienen nur noch bei Gebrauchtwagen, Finanzdienstleistung und Versicherung, daher sind diese schon heute sehr professionell organisiert. Beim Ankauf eines Gebrauchtwagens wird das Fahrzeug von 2 Bewertern geprüft. Ist der Kunde Stammkunde (dies wird per

System gecheckt) fließt dies in die Kalkulation mit ein. In etwa 80% der Fälle wird die Monatsrate für den Neuwagen verhandelt und nicht der Ankaufsbetrag des alten Gebrauchten. Der Gebrauchtwagenpreis wird in den USA so kalkuliert, dass sich der Wiederverkauf rentiert, in Deutschland lohnt sich der Gebrauchtwagenankauf häufig nicht.

Gebrauchtwagen werden über Auktionen und Großhändler angekauft. Wie in Deutschland sind die ersten 30 Tage für den Verkauf der Gebrauchtwagen äußerst wichtig. Der Gebrauchtwagenplatz wird täglich umgestellt. Wird ein Gebrauchtwagen nicht innerhalb von 60 Tagen verkauft, wird er aus dem Bestand genommen und an reine GW-Händler verkauft. Und das fast zu jedem Preis! (2)

Mazda und Toyota wollen Gebrauchtwagengeschäft ausbauen

Auch Mazda und Toyota planen ihre Geschäfte mit Gebrauchtwagen weiter auszubauen, dieser Bereich soll zu einer wichtigen Einnahmequelle für die Vertragshändler werden. Mazda plant demnach in den nächsten drei Jahren die Zahl der Autohäuser mit Gebrauchtwagen jährlich um 15 bis 20 mittelgroße Filialen auf insgesamt 700 aufzustocken. Toyota will sich auf gebrauchte Importfahrzeuge spezialisieren.

Zahlen & Fakten

Marktanteile der Vertriebskanäle am Gebrauchtwagenmarkt

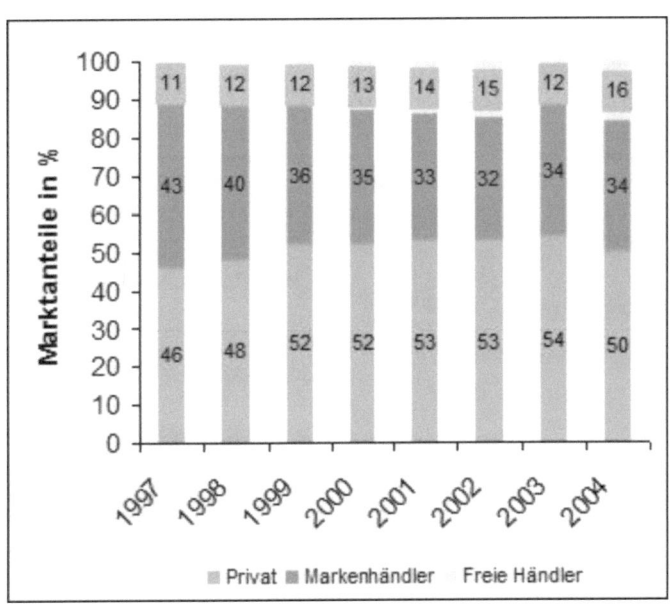

Quelle: Deutsche Automobil Treuhand (DAT)

Entnommen aus: Autohaus Extra, Autohaus 08/2005,

S. 9

Umsatz im deutschen Automobilgewerbe 2004

Branchensparte	Umsatz* in Millionen Euro	Veränderung gegenüber Vorjahr in %
Neuwagen PKW	59.574,30	1,87
Gebrauchtwagen Pkw		
Vertragshändler	26.588,40	-3,27
freie Händler	6.832,50	16,47
Service	24.366,20	2,17
Neuwagen Lkw	6.333,90	6,5
Gebrauchtwagen Lkw	3.517,30	-2,15

* Gesamtumsatz der Branche 127,21 Milliarden Euro.

Quelle: Deutsche Automobil Treuhand (DAT), Zentralverband des deutschen Kraftfahrzeuggewerbes (ZDK)

Entnommen aus: Automobilwoche, 06/2005, S. 2

Wichtigkeit von Kriterien beim Gebrauchtwagenkauf (2003)

Kriterium	Wichtigkeit
Anschaffungspreis	1,4
Kraftstoffverbrauch	1,7
Aussehen	1,9
Wartungsfreundlichkeit	2,0
Ausstattung	2,0
Niedriger Kilometerstand	2,1
Dichte des Kundendienstnetzes	2,4
Wiederverkaufswert	2,5
Prestigewert	2,8
Günstige Hereinnahme des Vorwagens	2,9

Quelle: Deutsche Automobil Treuhand (DAT)

Entnommen aus: Autohaus Extra, Autohaus, 08/2005, S. 17

Wichtigkeit von Kriterien beim Neuwagenkauf (2003)

Kriterium	Wichtigkeit
Zuverlässigkeit	1,3
Aussehen	1,6
Kraftstoffverbrauch	1,6
Anschaffungspreis	1,6
Serienausstattung	1,7
Reparatur-, Wartungskosten	1,9
Wiederverkaufswert	2,1
Dichte des Kundendienstnetzes	2,1
Lieferzeit	2,1
Prestigewert	2,5
Günstige Hereinnahme des Vorwagens	2,6

Quelle: Deutsche Automobil Treuhand (DAT)

Entnommen aus: Autohaus Extra, Autohaus, 08/2005, S. 17

Weiterführende Literatur

(1) Dürrezeit
aus AUTOHAUS, Heft 16/2005, S. 16-18

(2) Profis am Werk
aus AUTOHAUS, Heft 21/2005, S. 32-33

(3) Die Kurve steigt
aus AUTOHAUS, Heft 14-15/2005, S. 46-47

(4) Schwachstellen
aus AUTOHAUS, Heft 14-15/2005, S. 24-25

(5) Gebrauchtwagen Mehr als nur Chefsache - Im hart umkämpften Markt ist eine professionelle Herangehensweise erforderlich
aus kfz-betrieb Nr. 26 vom 30.06.2005 Seite 012

(6) Erfolg im GW-Geschäft
aus AUTOHAUS, Heft 11/2005, S. 14-16

(7) Auf dem Gaspedal
aus AUTOHAUS, Heft 11/2005, S. 34-35

(8) Tag des Gebrauchtwagens Den Ertragskillern auf

der Spur - Aktives Gebrauchtwagenmanagement steigert den Profit
aus kfz-betrieb Nr. 19 vom 12.05.2005 Seite 032

(9) Autoabsatz steigt
aus Süddeutsche Zeitung, 10.11.2005, Ausgabe Deutschland, S. 18

(10) Staugefahr für Gebrauchtwagen
aus Süddeutsche Zeitung, 26.10.2005, Ausgabe Deutschland, S. V2/4

(11) Treue Autobesitzer
aus Süddeutsche Zeitung, 24.09.2005, Ausgabe Deutschland, S. V1/8

Impressum

Gebrauchtwagenmarkt - Gefragt sind neue Strategien in schwierigen Zeiten

Bibliografische Information der deutschen Nationalbibliothek

Die Deutsche Nationalbibliothek verzeichnet diese Publikation in der deutschen Nationalbibliografie; detaillierte bibliografische Daten sind im Internet über http://dnb.d-nb.de abrufbar.

ISBN: 978-3-7379-1963-0

© 2015 GBI-Genios Deutsche Wirtschaftsdatenbank GmbH, Freischützstraße 96, 81927 München, www.genios.de

Alle Rechte vorbehalten. Dieses Werk ist einschließlich aller seiner Teile – z.B. Texte, Tabellen und Grafiken - urheberrechtlich geschützt. Jede Verwertung außerhalb der Grenzen des Urheberrechtsgesetzes bedarf der vorherigen Zustimmung des Verlags. Dies gilt insbesondere auch für auszugsweise Nachdrucke, fotomechanische

Vervielfältigungen (Fotokopie/Mikroskopie), Übersetzungen, Auswertungen durch Datenbanken oder ähnliche Einrichtungen und die Einspeicherung und Verarbeitung in elektronischen Systemen.